U0495527

折射集
prisma

照亮存在之遮蔽

场·境·思

张一兵哲学絮语

III

张一兵 著

南 京 大 学 出 版 社

图书在版编目（CIP）数据

场·境·思：张一兵哲学絮语 / 张一兵著.
南京：南京大学出版社，2025.1. -- ISBN 978-7-305
-28175-4

Ⅰ. B-53

中国国家版本馆 CIP 数据核字第 20242YM307 号

出版发行　南京大学出版社
社　　址　南京市汉口路 22 号　　　　邮　编　210093

书　　名　场·境·思：张一兵哲学絮语
　　　　　CHANG · JING · SI: ZHANG YIBING ZHEXUE XUYU
著　　者　张一兵
责任编辑　张　静
书籍设计　周伟伟

照　　排　南京新华丰制版有限公司
印　　刷　南京爱德印刷有限公司
开　　本　889mm×1194mm 1/64 开　印　张　26.125　字　数　496 千
版　　次　2025 年 1 月第 1 版　印　次　2025 年 1 月第 1 次印刷
ISBN　978-7-305-28175-4
定　　价　188.00 元

网　　址：http://www.njupco.com
官方微博：http://weibo.com/njupco
官方微信号：njupress
销售咨询热线：(025) 83594756

将此作献给那些曾经在场于我课堂中的同学们

舞蹈的质: 存在的一种非及物的内在姿势。

一瞬，光照亮路，解蔽即遮蔽。

有时，换一种视位看，存在会被重构。

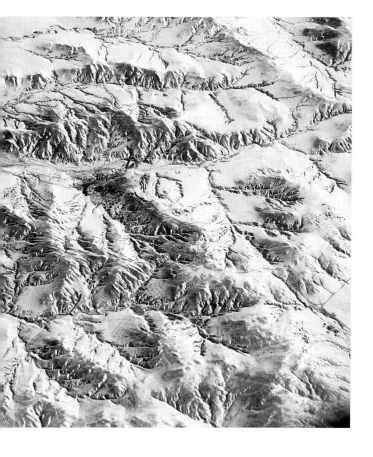

一种表达，总是在无我之时构成最佳意境。

所谓不朽，即无死。福柯言，人写作，图不死。可写出垃圾，死在出场前。

面对大海，会发现个人之弱小，固执己见之可笑。心如海，则平静。

无论曾经多么风光，终究会凋零落尽，可谁知飘下也动人。

人没醒来的时候，往往是世界最圣洁的片刻。

在地上过非凡的日子, 天堂就在身边, 处处道场, 步步清风;
反之, 处处炼狱。

阿甘本说，要学会聆听裂痕。它会透露不在场之物的光芒。

毅力如海礁，日复一日，你坚持了，终有所得。

反之，如浪花，翻滚每一次，碎为好看的泡沫。

弗洛伊德说，揭开面纱便可见真容，拉康则打趣道，人就是面纱，
其后空无一物。"作"，即揭不开的面纱。

落下的时候, 光变得柔和。一个听众问星云, 今天被生活挤压得喘不过气来, 如何破解? 大师轻轻地回道: 放下。

生命如瀑水，回转不再，哪怕粉身碎骨也不惜一切。如此，方无怨无悔。

背影通常失去了表演的面孔，也没有了交流的主动，它往往意味着没影点的出现。零度有时象征真实，一点伤感。

当永恒的古典叠映在易碎的现代玻璃上时, 便产生了一种张力和想象
的空间。

卢卡奇曰，距离产生美，每日在眼前而不知好看。远望总是好的，

神秘生敬畏，无知生惧怕，远距生慕喜，近处一站，一切幻象土崩瓦解。

傲娇,有限生命中的夸张伸展,连一片叶子都那么妖娆。

本雅明反讽了第二国际伪构境中的玩偶性,可木偶有思想吗?

回答是肯定的。齐一、规律,不是装出来的乖。

岁月如刀，划出无数斑痕。每一个结晶都是一个鲜活话语事件场突现和消失后的档案，谱系研究即重构那种突现和消失。

福柯的意义是对非连续性的关注，断裂和伤口往往是真相，

只是人们习惯了掩盖。所以拉康说，真实出现于"装"的失败瞬间。

总会倒下，意识到这一大限即海德格尔所神秘化了的有死此在。

帕斯卡曰，物不知死，故倒下之朽木生出蘑菇仍为物性过程。

生命的力量有爆发之刚, 也有静淌之柔。真正做成一两件事情, 通常都不是一时激情, 而是平静地持恒, 有如山间无声的泉。海德格尔在山上小木屋前就有一水池, 集黑森林中涌出的细流。这也是他的神境。

朝霞很美，却深藏将悬临的风暴。在最开始的成功中，切记不能得意忘形。

一切事均有其位，只是一些位置是存在的异己化。

操劳和努力之后，放下风帆，锚下深处，静静地归于落日港湾，为的是明天重新出海。

当生活像是童话时，生命本身容易被轻视。

我以为, 从天上看, 过去是玉帝的特权, 现在凡人都有了神目。

在老天爷的目光下, 过去是道德律令的自我惩戒, 而今只是遥远。

自然天然，是真实的本相。可爱，是流淌出来的原像，当人装可爱的
时候，实出伪境，因为它终会破灭。

悬临被海德格尔用来说明必来的事情。将要发生，如果是期待之中的故事，那会急迫；可如是罪罚，则会恐惧和悔不当初。

这个景观时代，当强光照在草上时，它也妖艳无比，仿佛自己不再是草。可光线移开时，它则继续在风中飘摇。德波说，今天一个事物，人们三天不说它，它就是不存在的。

新绿是一定要来的，芽总会长成它想要出落的模样。思想之芽倒不是春天必有的礼物，它蕴含于思之勤、真之性、坚守之长久中。

树妖且媚，神摇目夺。树长成妖，恐要千年修炼。学问也是如此，没有不好的专业，只有不实的修行。

所谓苍劲，就是狂风暴雪之后的早上，它在阳光中袒露自己骄傲的躯干。

人也如此，经历无数摧残和磨难，依旧岿然者，乃强人。

生活之贵不在于金钱的堆砌，一个旧车轮，几枝小花舒展在平铺的石子上，细节决定存在的品质。

人总想知道将来会发生什么，可却不知看起来遥远的天际未来即起始于脚下。况且一下子就老去了，一下子就成被纪念物，在你自己今天的世界里活好每一分钟才重要。

把最漂亮的花种在一起，是为了讨好观看者的眼睛，总不如很自然地遇到一丛天然的野花。人也一样，从头到脚都是名牌的家伙，炫耀性展示可引来粗俗的口水，但掩盖不了内里的空洞和败坏。

所谓境，即一个再简单不过的场景，被透亮的灵光照亮，瞬间突现一种无法言明的感动。生命、生存和生活均如此。

德勒兹对后现代之思的定义即冲浪者可短暂踩踏的海浪，没有起点没有

终点，只是涌起的一个迅速消失的存在。突现与消失的全新本体论。

光照本身通常是不可见的, 聚集起来才会看到, 探照灯和手电筒都是如此, 可有时云彩的挤压也会让霞光露出它的轨迹。学问也是如此, 研究方法论的自觉, 即光照的轨迹。

日本能乐中，面具和简约的动作表达了原始文化中的直接性。可后来，人的存在本身逐渐出现了他性的面具性层面，尼采则是愤怒于这种对生命涌动的背离，无面具的疯狂是对存在本真性的解放。

历史建构论: 史载总是照亮的那部分, 背后的真相有时是不入史的。

现实比小说精彩，自然比图画美丽，可人们总喜欢说"像小说一样""如画的风景"。这就是倒置的构境。

喜欢无人的清晨，新的光线，新的空气，新的思境。海德格尔在《从本有而来》中反复讲"另一个开端"，其实每一个清晨都是一个新的开端。

悠然难自得。亚当得到上天的旨意，说你将统领一切，成为这个星球上的次主人。有的世界就会是为了他者的存在被剥皮、吃肉、挤奶。那个世界中的静美都是被强暴的间隔。

高、则寒。它独享神光。独处通常是生成的。没有水平关系，
而又不显垂直走心，人见孤独。

用漫画的高速增长方式将人类历史中的财富积累进程复制一下，行，但是生存中的文化是无法暴富起来的。文明程度是嵌在民族文化向生活细节的浸透中的。

远航的船总有些瞭望台，以便在弧状的海平面上看到远方驶来船舰的桅杆。学问也是如此，远望到新思想的桅杆是自己思想构境的战略参照点，没有远见的思想是走不远的。

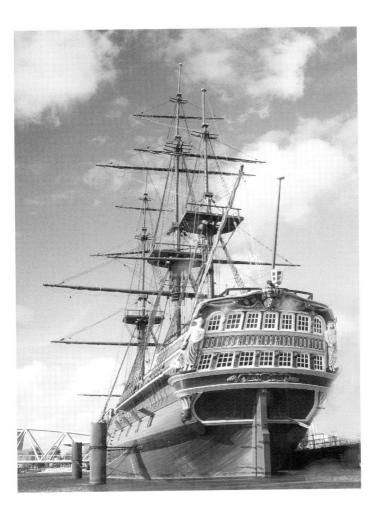

天上的云投下地上的影，因而遮住了光。费尔巴哈说，地上被捆绑得越紧，在空中飞得就越高。空中的云彩亦美亦幻，可不会改变现实中的悲情。当将天上的云作为真实，即精神分裂。

水面如绸，倒影比实景清晰，真的却像替身。当镜像比现实可人时，
存在则变得可疑。这是一件可怕的事情。

站在自然的绝景面前时，就如同在教堂的圣坛前一般，物性存在突然崩塌，如果你没有灵魂扑入，即湮灭。每每如此。

斜插在荒草中的半个脸，毫无表情，其形上之意，可反向构境出满是喧闹中堆积无限应酬悲喜的面容。放下，回家或流放荒野。所谓家，就是可以无所顾忌的地方，不用憋着、忍气吞声；在荒野中放歌，固然唱得很难听，但那是真你。

阿尔托说,真正美的东西从来不是直接感动我们,而是留下空间让人浸入。一天之末辛劳的太阳公公落下的瞬间,从奔放的炽热到可视的余晖,那种暗红美得令人心痛。有如一个拼杀一天筋疲力尽倒在干草垛上甜美入睡的战士,这是真正的美丽。

历史构境论要拨开传统史学的意识形态迷雾，因史料记载总是有选择性的。人的生命总体中绝大多数场境都会被删除，甚至根本不为他者所知。有如隐藏在偏僻处的小船，它就是对私密存在的遮盖。

与海德格尔喜欢观山论座架不同，黑格尔乐见奔腾之流，我更乐于将坚冰融为流动之境。解构、祛序，都是反对教条主义框架的战术。

木桌木椅，一杯清茶，西斜日光，放松身心，世界远去。马斯洛所说的
"高峰体验"构境突现。长行需要这种打断。

水浅时, 见石见虫, 深则蔚蓝。讲课同理, 深刻道理只有浅出落地, 方能将学术深海之构境传给听者。

其实，小的东西总是放置在巨大之物旁才显得小巧。别总觉得自己弱小，我即佛，世界在心中，做实小我，小即大。

天上之水，过冷即冰。学术同理，再高深的学问，若过于抽象孤傲，置身于当下学术场之外，终将冻死自己。有一天，某缕热光照到，才化解出些许思想液来。聪明的海德格尔，总能让自己的思境流淌出鲜榨汁水来，而浮流之下则隐匿着奔腾的地下狂潮。

群山乱石中的路，没海德格尔的林中路、田间路那般诗意，只有走过的人才知其辛苦。人们总嫉妒站在巅峰的人，却不愿付出真的汗水。学问同理，没有天才和奇迹，只有努力和专一。

海德格尔晚年将远山骨脉比作技术对历史的命运构序，座架是从根子上支配的。学术如果无根，如马桶中冲不走的浮物，总招摇却令人生厌。

雪山上的水，远离上手世界，因为没有被功用化，所以干干净净。

人也如此，活到无欲品自高。干净源自无求。

欧洲童话中的城堡总是关着美丽的公主，白马王子要打败恶魔才能
获得她的芳心。可现实中的城堡总是人自己铸在心中的，若推开门
窗，蓝天白云扑面而来。

启蒙之前，彩虹是诗人笔下通往天堂的桥，现代性的祛魅使其成为雾气在阳光下的折射现象。在人的生命存在中，根基处有一种不可分解的神秘性，当它成为案板上待切的肉，生命的一个非物性的基础则被摧毁了。

夕阳下的甲板，可生思境。一望无际且令人绝望的大海上，邮轮在破浪前行，船动而甲板静，这是动中的静。这一份平静则生安。学问也是如此，时尚潮流是动，坚实的独有构境平台是静的甲板。永不随波逐流则可成大事。

石板一孔一烛，托上一缕信念。无欲无求，垂直达圣。当学术摆脱功利和躁郁，方有望生成大境界。

如果阳光是从心底照亮的, 挡是挡不住的。彻亮, 带人向上。学问如果满是怨怼, 必生阴影, 乐观积极的思想构境, 染人蓄己。

传统谱系学通常如树状结构，树干，分叉，枝，叶，万枝归根。传统的学术流派亦是如此，宗师原初思想构境之下，各有千秋偏境，越到分支末端，其思愈弱。而尼采-福柯的谱系说，即砍断，缝合无效时，线性逻辑则失了合法性。于是，树状变茎块。

白桦林通常生于北方，它之所以动人，主要因之身躯上结疤的伤口痕迹，以示岁月沧桑。把自己假扮成大师（其实这个世界上从来没有大师），故意将自己的学术包装成外面光滑无痕的样子，肯定就没白桦树那般好看。错误是历史最重要的构序内容。

在那个伟大的晚上,苏维埃的工人和士兵喊着"乌拉"推开这扇门,
俄国的布尔乔亚被推翻,人类第一次阻击了资本的世界历史布展。
可历史的神奇就在于此,这扇门如今不再回响"乌拉"的神圣意味,
沙俄的生活构境成为艺术观赏。

你若在场，突然而至的美境令人如痴如醉，扭过头去不看，可它却无处不在。构境的秘密只有你自己知道。突现与永远的弥漫。

用树筑屏的绿荫道，是通向美好的路径。学术要有激情，内居不屈的
批判和抵抗，但真正的思想不是拖人坠下，而是给人以希望和信心。
好的学者必是阳光的，他在哪里，便领着人群从绿荫道走向幸福和光
亮，他举起的手上是自己真诚的发光的心。

这是莫斯科大学钟楼上的时钟, 那个瞬间, 时间在发光。就像人的身
体, 健康时它不被感知, 察觉时已有病痛。时间是无声流淌的, 它只
是在珍惜者那里闪亮。

自然界的神奇在于生命的无尽重生，娇羞的绿芽喻示着未来的伸展和绽放。芽总是可爱和可期待的。学术创新贵在新绿的出现，一个好的老师不应在学生身上简单复制和克隆自己，而是让思之绿芽按自身的个性伸展开来，长成比自己高的参天大树。由此，世界才有思想之林。

纽黑文的晨，新日将诞，一种期望从胸中涌出。我们每一个人来到这个世界，都是一个幸运的存在，在每一个不一样的新晨，让努力和喜悦充满时间。世界因为我们的存在而变得更美好。

"这个秋天将意味深长", 这是策兰的句子。秋天是人心情容易好的时候, 所以红叶金桂都会是思想的催产物。写一篇好的学术论文, 讲一堂成功的课, 标准是让读者和听众的灵魂颤抖, 可要收获这种秋天的果实, 就得有冬春夏的储备、耕种和精细呵护。如是, 思的红叶总会来的。

苔藓通常会在阴湿的暗处,饱受无光和积水的折磨,可这爬上树干的苔藓却面对阳光,散发着耀眼的鲜绿。这是颠覆性的存在。后现代的学问构境之道也是如此,颠覆常识和传统惯性,在连续的线性逻辑中嵌入断裂,让处在黑暗中的事情曝光,使远离中心的边缘重获合法性。拒绝总体性的碎片关注,打破永恒的历史性暂时,反对一切同一性的暴力……颠覆性的存在,即后现代中的革命之思。

岸边石的两种生存样态：一是没入水中，这样会避免受到风浪日复一日的冲刷和击打；二是立于水上，昂首迎接狂风巨浪。结果也相异：水中的石头被磨平了一切自己的原有存在形式，变得圆滑同一；水上的石头则坚守了自己，轮廓线条清晰，独一无二。学问大体也是如此，不敢迎接批评和挑战，一副想讨好众生的嘴脸，终会落得圆滑卵石一枚。

金色的秋林，踏在厚厚的陈年枯叶毯上，满眼娇艳黄叶，层林尽染。不由感叹自然的神奇，美境总出于一岁一枯荣的落旧履新之中。学术不老，必要学会自我放弃和脱落，一个学者在爱因斯坦相对论和后现代之后还在面红耳赤固执地认为自己手中握着绝对真理，无疑似驴嘶之吼。

人毕竟是活物，长久一种生活样态会很累，一生容得下七彩，一年活出他人十年，离开时才会心满意足。哪怕以后成为一弯冷月下的铜铸姿势，后人说不定在跃马一瞬中可重构昔日辉煌。关键在于，你真的精彩过！

一天中的傍晚，容易建构松软逼真的情境。鸭蛋黄般的太阳垂在天边，一切光线都柔和起来，万物在这时是最真的。人也是如此，一天的面具化演出收场，回到吃喝拉撒、灰头土脸的原始状态，身心放松，回到自然的人样。喜欢傍晚。

日内瓦登高, 天际一派仙气, 没有高楼大厦, 没有立交桥, 近处城堡叠筑, 远处雪山重影, 总有王子和公主要出来, 骑着扫帚的小巫师扑面的感觉, 想不童话都不行。有时候, 树丛中的小精灵和天宫神灵是人性中深嵌的部分, 用功利的水泥森林盖住它们的时候, 人的存在将会从根上烂去。

通常，天鹅非白即黑。白天鹅优美，红嘴黑天鹅高贵。突遇灰色的天鹅，竟一时失去了类属判辨的标定。这时，脑海里就会浮现福柯忧郁的眼神。看惯了所谓正常的图景，一旦有一种存在的例外就会让我们惊慌失措。可是，往往在非白即黑的二值逻辑遮蔽起来的灰色地带，我们才能遭遇奇境。嗯，为灰天鹅的存在点个赞。

柳，在初春里抽芽，唤来生命的复苏，微风中满是嫩绿的柳条应该是最惹人喜爱的。偶在雪山湖边撞见冬天的它，真是猛然呆住，无绿的垂坠竟流苏般动人。其实，如同雪地里的蜡梅，严寒里的绽开倒是哲学的本性，远离权力和利益的热闹，思总是冷清平静的。

萨尔茨堡大教堂忏悔室旁的一处小景，简直就是一个哲学话语装置。柏拉图的洞穴光影幻象，再加神学魔性的烛光投射，把一个人内心里心魔的生成机制表现得淋漓尽致。不同于神的阳光，烛光是被矮化为鬼话投射的光源，小铁骨架是每个人内心里隐藏的私欲心魔，邪光将心魔投在泥壁上则是鬼怪的生成。真是用心良苦。

这是德国城中一条普通的小巷,看上去密密麻麻地挤满了历史,可真相却是:二战结束时,除去海德堡,几乎所有城市都夷为一片瓦砾,可他们却依原图纸,用一样的材料复建起一座座历史名城。走在这样的街道上,你会理解历史建构论的合法性。

复建历史的一部分即记住不应重演的悲剧。这种小铜铭通常会在今天德国一幢复建的房屋前，它记录一个曾在，这房屋的犹太主人某时殁于奥斯威辛。而东方的战犯故意不认罪恶的曾在，则已经是在重犯。

HIER WOHNTE
SIEGFRIED MAYER
JG.1881
1938 KZ DACHAU
DEPORTIERT 1940
GURS
ERMORDET 1942 IN
AUSCHWITZ

HIER WOHNTE
SOFIE GEISMAR
JG.1884
DEPORTIERT 1940
GURS
1942 RECEBEDOU
ÜBERLEBT

通常，我们将眼光狭隘的家伙比作坐井观天的井底之蛙，可这一景却是神目望井，这一颠倒构境是有趣的。有如那种固执于自己手中握有的"绝对真理"的人，真诚而可悲。碰上，切记以望井的心态绕开。

每个人生来注定是内心孤独的，如果有一个梦想或一种爱，一群志同道合的伙伴共同去追逐，总会燃起孤寂黑暗中的心火。很多无力的手合在一起，定能放飞孤魂野鬼们不能想象的风帆。

这是在新天鹅堡上看到的旧天鹅堡。堡顶上那只正在展翅的白天鹅是撩人的。这些城堡是当时的德国帝王为了逃避现实纠结所建的世外桃源，之后也成了迪士尼梦幻工厂生产的童话踪影。童话世界是孩子们想象心理构架的最初孕育之基，也会是失败了的成人将头扎进去的沙堆。

小野鸭划水，在倒映蓝天的水面上构境出最美的画卷，令人心颤。这让人联想到身边那些模仿西方现代派的画家和学者，做作地涂抹，夸张地献丑，以为这就是先锋了，却不知适得其反。艺术和学术与我们土地上的生活自然地合一，那会是真的美和前沿。

每个人都有自己的影子，是你挡住光所生成的阴处，光与你的距离和强弱不同，影子会有不同投射，它会很辛苦地追随和寄生。可当多重光源聚集于你时，影子则可能消失，它不再出现的时候，是有可能出现神话的。我们应该向自己的影子致意。

喜欢这张照片，冬天枯叶下，阳光将有棱角的脸隔成黑白，那笔和书是哲学家惯常装模作样沉思的对象化工具。其实，思者真不用塑像，他若不活在当下的话语实践场中，即使造再高的假胎塑形，青苔照样会爬满他的前额。

自然一语在中文语境中为非人为的自然而然，黑格尔指为自为之在，到海德格尔那里，则被揭穿为 for us（为我性）"涌现"。黄石公园中的树木倒真的自然，且护园者并不救火，依它自然天成，所以遍山可见烧成焦炭的枯树。这也是一种反人类中心论的践行。

在下午五点以后，西斜的阳光开始柔和起来，物景和人都会罩在一种奇妙的韵味构境之中。人过半百之后，其言渐善，目光也会温存起来。西斜的光和人都是慈祥的。

特定光线下疾行的云和奔腾的江水，建构出一种罕见的自然雄势，抓住这一突现情境，这对二维摄影来说真的不易。现在面对，还会复构出这种动感。学术的真正生命，正是由思想家从生存中喷涌出的激情所生成的不屈批判精神所支撑，思想的动感由此而来。

在冰山融化的起点上，水流总是细小的，在长期固筑起的恶山丛中奔流是要有不屈动力的。学术观念的创新亦如此，在传统解释构架融化之初，新观点总是在各种围攻中向前挺进的，但最终涓涓细流会在不屈的奔流中冲成滔天巨啸。

生活中不可能总是艳阳天，偶尔也会遇乌云遇小人。《菜根谭》说，不要与小人作对，小人自有小人的对头。不巧你遇上了，哪怕吃点亏，当踏上污物跨过就是，可别与其为伍。乌云总会散去的。

当万物开始凋零发黄的时候,唯独它像春天的嫩芽般努力向上攀爬着,虽然前面会是冰雪严冬,但为了独秀一枝也在所不惜。其实,真正的学术原创通常都会是孤军一支,可为了变革,即使完全毁于炮火也终不悔。

在漆黑的夜里用火把画一颗心，它会瞬间消失在黑暗中。其实这就是人类生存史的质，生命不是肉体的物理组织的持存，而永远是当下言行活动突现建构起来的情境场。用文字与图片将其记录下来，可外人能重现那颗燃起的心吗？

当太阳光无法照射到地球的一半世界时，则有无光的夜晚。无光亮，则无社会存在。可是，与自然不同一的人，偏要用灯照亮夜晚。灯光的照亮，总是刻意的，它无法制造白天，却能生产漂亮的光影之境。

春天，它们用绿叶宣告自己的重生，绿是娇颜；秋天，艳黄则成了它们暂时告别世界的纵身一跃，艳黄是绝唱。不久，落下的黄叶在冬雪中渐渐枯萎。在欧洲、美洲和亚洲的北部，我们都可以看见银杏、白桦和许多喊不出名的树木的这种周而复始的生命循环。真希望在学术的晚期也能拥有自信的艳黄，并且，不从艳黄走向枯竭。而有新人从上面踏过，当是值得高兴的事。

这是一张晚上拍下的挺有意味的照片。本雅明最早意识到商品的展示本质，而到了德波的景观说中，展示已替代了存在。一种东西，实用的意义趋零，而主要用于富有和地位的炫耀，即奢侈品。人们看着橱窗想，总有一天我会戴上它。那个它，即拉康所指的对象a——欲望成因，一个始终在眼前却永远无法触及的大写物。欲望永远是他者的欲望——伪我要。

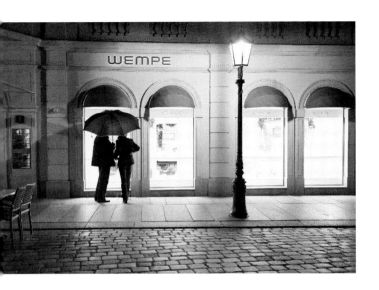

原来上了黄山，知道如画风景，但撞进域外的这方水土，才悟得何为天公作画。美在细描的山木笔墨，奇在微雕塑形，令人叹为观止。我想，细节总是呈现深度的。这里的乡村没有夸张的金银，而贵在一草一木的精致。学问和人品又何不如此呢？学术之功底在文本之细观，人之贵在于细心的平实。

雨中布拉格，突显城市的悲情特质，广场上的雕塑透着浓浓的哀怨。
其实，从心底喜欢。没有喧嚣，没有夸张的流行，无数委屈和伤害都
压抑在静静涌动的深海之流中。

叶子长成"花",本身就是存在论的翻转,落下还不服输,硬把绿地铺成一片艳红。存在和思想的终点通常是难看的,总不相信自己一定会被后人超越,不愿留些余香给未来,可事总与愿违,历史必然翻篇,新人一定会跨过我们化作的泥土,所以,落下得诗意一些吧!

列斐伏尔在《空间的生产》中将城市的存在结构表征为人的生存关系的再生产，街道是其中空间句法结构的一种交互流动线。在铜锣湾和伦敦中心区周五晚上的街道上，可见这种空间句法的充分实现。然而，当一条街道上空无一人时，它象征着什么？中心的遗弃？交往的边缘？或者是丰裕生活中的一种宁静？这是欧洲许多小城中常见的情景。

秋天的尽头意味着严冬将临,叶黄叶落,果实作土,只有树干的粗纹象征着自信,任凭冰寒雪冻,春色终还。学术的自信也是如此,有扎实的根基,总会被后史翻开重构。好的写作会超越有限的此在。

这是接近傍晚时分, 托特瑙山小木屋旁的一张长椅, 也是海德格尔中断写作时常来的地方。远处初上的华灯宛如下落的繁星, 一片宁静, 再晚一些, 竟真有小鹿弄雪, 童话般的情境。朝南的这一坡地, 原先是滑雪的场道, 可春夏秋则是迎着阳光展目的良处。在这里看世界, 则能理解那种没有被人座架过的本有, 以弃拒占有对象的暴力性存在之深层构境。老海啊!

武汉东湖边上的一处怪怪的水杉，像水天中的栅栏，隔出特殊的视网膜

来。透过一定的认知栅格看世界，是所有人都无意识的事情，胡塞尔让

我们将这一栅格悬置，回到事情本身，即现象学的进入。这实在不易。

曾几何时，荷香叶蓬，如今落得几笔水墨印渍，鲜活娇艳的存在只在枯垂的枝叶中成为追忆。好在这种凄美在来年新春会重回真的绽放。人生此在则不同了，记得中学时的格言抄本中有这样一段：人生的行进是永远不能重新回到起跑线上的，我们每一分钟逝去的生命永不会重来。在一个特定的年龄节点上，来年都是枯坠，当我们成为残荷般的墨渍时，一切都会远去。结论是：抓住当下的每一分钟。这样，即便以后成为残荷也无怨无悔。

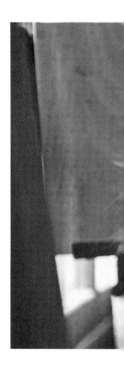

找个地方，要能把放松了的身体的每个部分都柔软地贴近，睁开眼睛的时候还能看到外面有趣的世界，忘掉不开心，投入甜梦。这叫舒服。人有时也需要这种舒服，忘记坏蛋和所有烦心事，关上一切与世界的通道，好吃好玩好梦，由此充血复活。再重返世界的时候，又是一条无比的好汉。

巴特说，铁塔是一个文化象征符码，站在一个象征上看乌云下的浪漫之都，感觉真是怪怪的。有的时候，虚与实正好是颠倒的，真的东西，当你伸出手时，它却消失了；而以为是无的东西，却会深深地刺痛自己。这就是生活的辩证法。

在历史遗存的废墟上演出歌剧，是对失去的生活的艺术重构，可人们听到的会是当下生命的存在情境。海德格尔和福柯都谈及另一种存在论上的废墟，即物性的金碧辉煌中本有的溃烂。《黑客帝国》中黑衣人在向尼尔展示了物性存在的废墟本质后说，"欢迎来到真实的荒漠"。这是拉康意义上的存在论。由此，我们都是在废墟上歌唱，只是废墟在可见的层面上却是金碧辉煌。

1991   Elektra   Opéra de Richard Strauss   Gwyneth Jones

在海滩上，人不再是思的主体，多数会脱去社会性的面具，把自己摆置为一摊肉，迎接紫外线的烘焙。思想如果祛除表征的逻辑外壳，也会成为一种鲜活的话语实践之肉吗？德勒兹和德里达的幻想大约如此……后现代的"必奇"长线上，一群无塑形的话语之肉等待着永不到场的疯狂戈多。

同样是日子，一些生活似乎离天堂更近，而我们的日常好像总那么灰头土脸、一地鸡毛。能让活着有点品质吗？这一定不是堆金和炫耀性消费，而是安静和随性，当疯癫的逐欲能复平为真实的粗淡时，天堂就近在咫尺。学问同样如此，从名利和学术资本的积累中淡出，思想的圣堂就近在咫尺。

在临海几百米的崖上，一个完全用石砌成的城堡，壁藤、盆花、招牌、每一条道、每一间屋都精致到极致。可是，下午时光却看不见人影，总觉得不真实，却能摸到触到，空荡荡的，幽灵之城吗？学术做到极致，别出心裁地炮制一堆概念，但如果到头来成为无人的城堡，心会伤透的。

爬藤的生存方式是令人敬畏的，在石上攀伸，根在泥里，主体藤枝却由微细的小爪粘在壁上，春绿秋红，伸在窗台上，缀满玻璃框格，更惊艳的，是开出妖媚的花来。学术原创的一种传播方式也是壁藤寄生，在古旧的石化传统体系上攀爬，将新观念的嫩枝摇曳于人的心窗前，冷不丁开出思想之花来。

罗马柱是建筑门脸中雄壮的标志，这排罗马柱排列在梵蒂冈圣彼得大教堂的右侧长廊，似乎象征着圣殿的展翼，也喻示上帝的肋骨。其实，学术研究的罗马柱是思想构境的核心支点，无逻辑肋骨的学术是疲软的。

人一思，天会笑；人有欲，无不朽。此古建筑门上的浮雕之深意，是十字删除的部分。而启蒙则是从有欲有思发端，只是贪得无厌和主体僭越败坏了布尔乔亚世界的一切。

怒容满面的众神与狂野的天马，拟构了一副神话情境。石化雕塑竟然让人深感惊心动魄，可见艺术构境之力量。费尔巴哈说，神是人的类本质的异化，早先的神话是这种异化的前身，故那里还有爱情和恩怨引起的战争。

无意晃了一下，就成莫奈了。画面的静止边界在移动，固定的光点成印象派式的色斑。还是青年马克思"油炸"的伊壁鸠鲁的看法好，原子的偶尔偏斜构成世界。学术进步之本在于学会放弃，偶尔的主线偏离很可能是一个新见的开始。

清早的潮汐，轻轻地，一次次冲上不可能浸漫的沙滩，再悄悄地退去，像无法追逐的梦幻之反复。与自己推举巨石的西西弗斯的落下悲情不同，潮汐不可能的冲上与退去竟然还是其他星球的远距力所致。这叫比悲伤更悲伤的故事。人的学术如是本雅明所指的木偶，你悲怒倾情、面红耳赤，却不知头上垂坠的吊线背后的操纵，也是比悲伤更悲伤的故事。坏在，你不知却在做！

那是雪后一座平房背阴的墙，清晨第一眼看见就被它牢牢吸引。红墙是刷的，爬藤是种的，窗内玻璃上的装饰画是贴的，可屋外的一切却是天造的。人天之合，应了列斐伏尔那句：让日常生活成为艺术。

大雪纷飞，温度下降到零下二十摄氏度，可它仍然像歌唱的快乐孩子，奔流向前。江河之水只要流动，再冷的日子都不会冻成冰。学问也是如此，不凝固观念，敢于自我否定，是思想不石化的根本。虽不至于变成福柯所夸张的"扔向自己的手榴弹"，但永远的自省是原创的内驱力。

这幅画面的空间层是多重的: 湖面的冰雪层, 未上冻的镜般湖水, 地面雪松托着夜雪伸出的手臂, 对岸的树干在倒影中的蓝色成像和朝阳之光从天边推送过来的金色夹影……这一切突现了一种立体的引人入胜的仙境。这让人想起福柯在《词与物》中对油画《宫娥》多重目光构境的分析。当然, 得心情大好时, 此境才得现。

第一眼看上去，为这雪地里的小草所感动，因为它们的鲜艳灿烂。贴近细细端详，却被吓住，它们竟然像飞舞的天鹅，细细的长腿，优雅的裙摆，高傲地仰天一啸。真怀疑它们是不是人工作品，但真的不是！自然之作胜过一切雕饰，令人惊叹。

那个圣诞前夕，竟拍到飞雪斜过夜空的流痕，真好。喜欢无声的雪，入迷于夜里悄悄盖满大地的六角精灵。是的，真正变革思想构境方式的异质力量，不在大喊大叫式的售卖中，而在悄无声息的新境布展中。当阳光重照大地时，已换了人间。

吉林雾凇是一绝佳醉人情境，电站的热水淌入长长的冰河中，一路水气飘浸在沿途的林木和草上，夜里的低温让它们凝露结霜，于是有了仙境般玉树冰雕式的世界。在那个童话般的视觉构境中，真不舍得离开。教条主义的概念体系是冰块结构，它们与生活的脱离注定了自身的绝境，而今天的学术变革也得能感性地浸润生活，在每个人的灵魂中结晶，那时，会有成片的有独立精神人格的玉树林。

喀纳斯的深秋是金色的。不像南方的黄叶，好不容易等到好看，稍没留意，已在一阵风雨中残落为泥。这里的一切都被秋风铸成金黄色，连松柏也是。它们在很低的温度和狂怒的风雪中仍然挺立，会一直持续到封山禁人。真是太美了！身处其中，会暂时忘记人的那个存在世界中制造出来的欲望和可爱的坏蛋们。

天边一抹淡墨似的云，山远，树黄，村落缀满盆地，本是很好的构境。可画面外左右并排架着七八台"长枪短炮"，让人立刻觉得这是一个摆拍的固定视框，一下，无趣极了。学术研究如果在凝固的视像框架中，就永远只有复制品，而非原创。有时候，打碎旧格局更为要紧。

俯瞰夕阳下金色树林间的河滩，有一种老电影画片的感觉。在彩照的时代，去掉彩色，做出黑白的光影，好像很文艺。这是倒序的魅力。其实黑白片的表现力是有限的、简单锐利，明暗二值，把世界夷为虚假的光影薄片。这让人想起过去那种好人–坏蛋的幼童逻辑。再想想色盲者视像中的世界，真要疯了。

黑森林的一个山坳，静得让人不敢喘气。彩叶丛中的几幢小屋，像花园中的假山装饰，可却真有炊烟。其实，脚下的坡地旁是胡塞尔的故居，不远处，就是海德格尔在小城中的别墅。这是一个产出圣思的地方。海德格尔曾经写过一篇小文，叫"我们为什么要生活在小地方？"。远离权力，弃绝物欲，是进入思之殿堂的必备前提。静而思远，淡而省深。

去拍横七竖八的自行车在地面上的影，背景中却飞驰过一列城中的有轨电车，无意中，构成了静与动的张力弧。好片子有时候就出自意外。天造胜人作。当然，用静的光圈和速度去面对运动，自然是模糊的。在学术研究中何尝不是如此呢？用凝固的眼光去看新观点，一定会因动感造成的眩晕而恼怒。

把动物从野生规训成家宠，这是人以自身的好恶座架整个世界最坏的那个部分。你回家，人家就得摇尾或腆着肚皮让你摸；你不在，人家就得孤独一身趴在窗台或楼上张望；如果碰上个没心没肺的主，忘了留粮留水，人家就会饿扁肚子，还无法抱怨。它们离人的存在太近，它们就是你生命情境的一部分。别让这种张望的表情刺痛人的心了！

著名的弗莱堡红色大教堂，青年海德格尔最早的一篇万圣夜的文章就因它而起。现在你走进它，最先映入眼帘的是一幅发黄的老相片，整个城市一片瓦砾，孤孤单单地只有教堂竖立。据说，盟军飞行员开始就是以教堂为坐标参照往地面上倾倒炸弹的，完成任务后可能萌生了一丝怜悯，放弃了扔向教堂的炸弹。轰炸的参照系，成了它孤独存在的理由。

在一个雨后阴沉的天气里，突然云层裂开，投下一片阳光，把这个壮观的群山原野照成极具景深感的多彩画卷。然后，人生第一次知道，什么叫深远的宽阔。人的胸怀和学术视域也是如此，如果不是总盯着脚下那巴掌大的地方，而能放眼更宽阔和深远的地方，定能成就大事，收获更丰硕的果实。

糖水景深大片: 暴雨刚过, 乌云疾走远山, 一缕阳光照亮的绿色原野
上凸起一座怪模怪样的山崖, 见底的清泉绕着一个个腆肚的石佛,
小镇竟然就坐落在崖尖上。这真叫生活在高处。可是, 灵魂和思想如
果总在学术界的崖上, 自然会很冷很孤独。命该如此时, 绝不抗争。
一句俗话, 就不下来!

不是夜，而是晨。朝日光线映亮天边时，月儿还没退下。日月同辉。我说过，社会在夜晚是不存在的，港在，艇在，建构生活场境的人却睡去。当光照大地，白日降至，人们起来重新构境存在。港湾醒来，布尔乔亚驾艇出海，建构出与渔夫不同的世界。

这是偶然拍到的, 石雕人像张望处, 一架喷气式飞机在爬升。这突然建构出一个有趣的情境。摄影的本质不是复制, 场境是不可记载的, 在二维画面中伏隐一种可活化的线索, 看图则成构境, 于是, 本雅明痛惜的灵韵有可能复归。

浓浓的水墨黎明: 裹挟着暴风雨的黑云栖在头顶, 未映蓝天的海水还浸在夜里, 可新一天的光却用柔软的橘黄涂抹在两个黑色间的天幕上。这是天作之画。有如透亮的人心, 双重黑色压抑构成死亡边界, 一是冰冷的现实, 二是内心的律令。其实, 两边的黑色布满天幕时, 黑色则不再是暴风和夜, 而是不再透亮。

美国国家美术馆门前的宏大与微小。爱因斯坦相对论之后，人们开始意识到参照坐标的重要性，存在总是关系性的。一个在普通学校里是"学霸"的孩子到了一流大学的环境里，会突然矮化为一文不值，不重新调适就会崩溃。天外天、楼外楼、人外人均说此理。

牛津大学令人感动的一幕：布封的木吉他能复构出弹拨与低吟的倾诉，依偎的情态似乎能听到呢喃的恋人絮语。巴特在《恋人絮语》一书中记录了情人之间的情话片段，结论是：爱是不能被概念化把握的，情话之真在于原欲冲动的碎片和非逻辑性，定义、公式和先在条件下的情感是死去的。

宾馆门口的老爷爷，干净整齐，鲜艳精致，精神焕发，一副很开心的模样，显然不是在为谋生劳动，而是在骄傲地传递民族文化传统。不管什么事情，哪怕再高尚的学术和艺术，只要是急功近利的，就一定会异化成痛苦之渊。

这孩子长大了会有出息，通常我们会站在雕像前摆拍，走点心的会在队尾做搞笑的拟仿，小家伙不，他站在队首！无意中的情境一下子翻转，成了雕塑队伍仿他。真厉害。在学术研究中常见的事情也是仿，如冯友兰先生讲的"照着讲"，但如果你总仿着石化的神像，自始就是思的坏死。

博物馆一景，在流动的观者人流中，这位小姑娘为一静。她细心地摹描墙上这些来自远古的浮雕，不时抬头静静地看和思，一副专心致志的样子。真的动人。与我们这些走马观花的人比，这种静是一种内居。一对老夫妻在一幅名画前静静地坐几个小时，毕加索摹绘几十幅《宫娥》，这种安静中发生的是生命向艺术的内居。

室内光线暗淡，快门速度降了下来，对焦中，两个孩子飞一般穿过，在数码成像中晃出一个动感十足的虚影。又不是故意。学术研究中大体如此，凡是以大他者认可的静态概念出现的观点，通常会边界清晰，成像完整，而以动态出现的新观点、新范式，多数留下的是模糊的眩晕。这种眩晕却可能是走向下一世纪的号角。

公路上的飞车党，一群几十个，"摆得一米"（南京方言，指很厉害）。嚣张而过时，心惊肉跳，仿佛在电影场景中。最出乎意料的是，在加油站再次遭遇他们时，发现竟然是一群老爷爷老奶奶。顿时灰心丧气，真白活了呀。

街头一景，应该是爸爸和女儿，这从两人都有的宽阔的下巴能看得出来。基因的厉害之处，是复制生命样态。当然，依拉康之见，人的心理自我的建构，是由镜像和面容反指强力构序的，这是后天的存在论相像。有一天，我咳嗽了声，当我对象性地留意时，竟听到父亲的声音！

坐在春天的草地上，软软的阳光透在心里，一脸灿烂的笑容，这就是青春年华。人不会总是如此年轻，容颜一定会改变，只是记住这份灿烂，透亮一生。

北欧一公园里看到的情景，很可乐的老人。他头顶上插着的羽毛先引起了我的注意，然后看到了他包包上五彩的小物件。在生活中，他一定很乐观、风趣，虽然已经不能方便行走，但电动车能让他走进世界。从我进去到出来，一个多小时，他就这样静静地看，看人，看景，看世界。当我们老了，敢插着一根鸡毛去看世界吗？

这是在挪威的一个海边小镇拍的，太阳西下，老妇人一个人，静静地在偏冷小院中一堵墙边的长木凳上读书。我两次路过她，可人家连头都不抬一下，完全浸在书境的另一个世界中了。人总会老去，不然存在构序将缺少新境。只是当我们西下时，心中仍有一份感恩和平静，开心于已经没有我们位置的新世界中的一切。

大游艇上的孩子，想必会有另一种生活，富足，开心。起步的台阶很高，成功也会来得快一些。然而，没有了需要自己苦苦努力的那种磨难，可能也会缺少了一种由血汗浇灌出来初始成功的快乐。在学术的道路上也是如此，在学科大游艇上能轻松获得的成功，是无数水下"青椒"要苦苦挣扎多年才能获得的结果。我有在"水下"收到的一百多封退稿信呢。

艳红的裙，金亮的秀发，趴在公园的石台上，很专心的样子。刚看到她的时候，以为她是在赶作业，后来发现人家根本没带书包。下一个猜测是她在记录今天出来玩的感想，总之，这会是一个用功的孩子。其实，这个世界上所有人面对的时间都是一样的，分配给不同的事，利用效率不同，时间会大不一样。成功的人，不是上天多给了时间，只是用功用心。

拍这张照片的时候，只是因为小姑娘的可爱，谁知道回去删选照片的时候，竟发现雕塑的抽象构境正暗合女孩子头上金色的麻花辫子。天意不可违啊。

在喧闹的大街上静心读报，是泰然处之的生存态，也是年高德满的结果。奔走之疾，是种种对象*a*驱动的生活态，停不下来的急，即占有性存在。何时我们才会不急呢？

喜欢这张相片。这是公园入口一位卖船票的老爷爷。他热情,负责任,且很细心,从亮绿色上衣的反光中能看到他锁着的眉头,专心的神情。其实,世间的成功,除去不义之财和脏手所捞的名望,大多基于某种心无旁骛的认真和执着。你认真了吗?

看他眼神，就知道他不开心了：我一把年纪在这卖艺，你不给个子儿就算了，还拍照。其实，我立马上前在小马扎上放了碎钱。他的眼神软了一些，但仍然很傲气地点了点头：这还差不多。情境中的目光是复杂多变和隐喻魔移的。

什么叫酷? 在炫耀性消费的长河中, 开一辆锈迹斑斑的报废跑车, 一加油车屁股后一股黑烟喷出。这里的任性是: 就不换! 这让我们这些动辄从Nikon D300到D700再到D800的追逐伪需要的人汗颜, 如果我们永远欲望着他者的欲望, 那就永远是被盘剥的对象。

卫兵带着几个世纪的仪式感，站成一个雕塑。孩子的疑惑是，他为什么不动？人不会不动，除非是假的。老师要解释半天了。人教化成人，多是戴着面具和摆姿势，动或不动，都是非本己的，失去了孩子般的天然之真。难怪马斯洛要我们争取"第二次天真"。

在河边最背阴的一段，工厂废弃的后门口，高墙铁栏为构境后景，这才有对比中模特的鲜亮在场。模特的实在，常为走T台和摆拍，为一件时尚之衣、一件饰品或炫耀性消费品，也可以是人物摄影师的一个"相在"。相在，不是主体存在，并且她（他）恰恰在生活中是自己的时候不是模特。

阳光在清晨和傍晚是柔和的，正午的直射光会让人、物都变得硬冷。聪明的摄影师却让这垂直的硬亮照在水泥地上，这天然的反光板再生出软软的亮，把一对新人的轮廓和面容变出幸福的美俏。学问中的反光板也会让他山之石变得柔软，文本构境解读的秘密就在于此。

一种皇家换岗仪式，漂亮气派。原来是君主立宪的政治妥协，逐渐弱化为一种文化传承之象征，现在倒好，成了旅游项目中的表演。思想如果完全成了表演性，这种表演就会从一种硬化的外壳，最终掏空内部的本有，这叫学术占位。假的每天排演，终会替代真的。

警察是国家暴力机器的硬工具，骑警不过是装饰了的景观。当小妹妹柔软的小手抚摸在马的大眼睛下面时，这正融化了权力的坚硬外壳。如齐泽克所指认的那个深刻的场景：希特勒在火车上大放厥词时，无意中看到对面运送的德国伤员的哀怨眼神，他突然无语。这硬中的软，则是真相。

欧美街头谋生方式之一,人演雕塑:雕塑本是仿生,好的作品是构境出灵魂的在场。而这却是活体遮盖生命,不开心是自然的。在学术研究中,最痛的事情莫过于明明已经深刻却为了生计装作肤浅,所以,天使也会嘴角下垂。

看到大太阳下他认真地劳作，多少有些感动。当然会想到我们既劳力又劳心的授课和写作，光荣的劳动者啊。人们买到一本书，喜欢拥在胸前，不喜欢则弃之一旁，可大多数人不会知道写作者和出版中的艰辛。学生听课，哪里会知道我们辛苦多少年的思考几分钟就给他们了。尊重劳动！

这是在莫斯科无意中拍到的一个俄罗斯女孩的自娱自乐,这至少剧透此时她内心的欢乐之境。其实她是来参加旁边一个婚礼活动的。生活已然重坠,如果不能时时让自己开心起来,那真会被拖进黑暗。把气球系在心上,让灵魂常在云上,笑迎每一轮新日月。

俄罗斯小城遇到的周末一景，上中学的小姑娘在长椅上摆放自己课余手工绣出的织品，她很神气地说，将来想要上一所好的大学。我仔细看了那些微波炉手套，虽然不如机织那般齐整，却真的用心和独特，好看。当游客买了这些手套并称赞漂亮时，小妹妹很开心。我能体知这种自己劳作的心血获得承认时的喜悦，不是谋生的手段，而是创造性心智的对象化。那喜悦会是从心底开出的花。

不是狗仔，而是在拍广场时无意中看到的情景。姑娘是在等人，看来这次见面很重要，想想还是得让唇更红润一些。其实，人的衣着和装扮都不是为自己，而是为别人的目光。说大一点，拉康认为我们的存在就是为他者的。卢卡奇问，那个上帝目光注视着的人还在吗？

小姑娘看妈妈画画，崇拜得不行，忙前忙后地递颜料，拿妈妈想要的所有东西。天上飘来一块云，她似乎在担心下雨；我们这些无事佬的围观，她又觉得影响到画画了，多次示意不要出声，就差赶人了。我们没长大时，爸妈真如拉康所说的镜像小他者，如果爸爸的存在塑形我们的外在，妈妈的心性就垒筑我们的内在。妈妈的形象是我们长大永远的脐带，血肉虽离，心性永随。谢谢所有的妈妈。

这是朝阳面的一个逆光画面。三组人物各异：底层是一群正在听讲解的旅行团成员们；上层左边是两位冷眼看着人流的工作人员；右边是一个正在用手机拍照的独行侠。一个相同的时间节点，不同的故事一起被建构。被牵引、不动和自由三种行为；临时团体、工作和孤独三种心态；被告知、无新鲜感和不想知详情的三种视位……这就是此在去在世的构境世界。

遇到长笛手在花园中卖艺，不禁停下脚步仔细听了一下，还真的不错。心里总觉着不舒服。该在安静的舞台上，用心打动观众的长笛却散落在风中，艺术之境异化为谋生的手段。有些心痛。学术也不能换饭吃，当写作畸变为谋生的手段时，必会远离生命本体。越能骗人越可怕。

圣彼得堡海边，老人有一门大炮，专等来此处拍照的新人，为他们送上祝福的礼炮。听着炮声，听着老人充满热情的祝词，看到新人们真的开心，不由感动不已。当我们老去的时候，还能为这个世界做些让人开心的事情吗？放一声欢庆的礼炮，尽量不令人生厌，悄无声息地离开。不带走一片云彩。

坐在大巴上等红灯, 无意撞到这样一幕: 这对情侣深情对视的爱之构境。此时竟然相机在手, 举起、对焦、按下快门, 抓到这戏剧般的一幕。像街头剧一样, 旁边的路人甲为了凸显主角, 弯腰整物, 留得二人表演: 恐怕男孩刚说了一句情话, 女孩不语, 却用含着笑意的眼神表达一种绝对个人性的意会。看着我的眼睛, 里面有全部的世界。光线, 墙影, 此境此景如画。

and Windows 7 was my idea.

晚上在时代广场突然看到这一场景，背面是微软大幅广告牌，做着各自事情的人都成了黑色的影子，好哲学。其实，在这个著名旅游观光点的商业广告影像群建构起来的巨型景观场境中，所有人都会被还原成没有质性的影子，你

不论是土豪，是文人，还是一介草民，都无意义，因为你在此唯一的存在只是扁平化黑影上留下的惊叹之目。这是一个单向的、无助的被轰炸对象，无处可逃。这是我们在景观社会中生存的象征。

墙壁上的女郎从被画出来的窗户探头观望，画窗的男人也是画中之人。行人驻足围观画从窗口观望的女人的男人这幅壁画，以重新复构那个已经不在场的作画者的已逝目光。然后我们再看我用电子成像捕捉到的这一画面中的画中之画。其实，这就是我们生活中的构境认识论，我们永远在观看着被观看。只不过，我们既是画者，又是被画者和被观看者。

周末的早晨，两位大叔一脸严肃地在公园中下国际象棋。每一步都得抱着大棋子挪移，好玩死了。动脑用力，晨练的好方式。

马路上遇到这样一个怪物，它竟然是一个能行走的啤酒吧。有趣的是，所有的酒客都能通过自己的脚踏驱动流动吧向前，这会是一种合力，酒吧老板当然是把方向的舵手。大伙儿骑不动了，老板就会让电动设备发挥作用。这让人想起黑格尔那个"理性的狡计"，所有个人"激情"盲目用力，绝对精神合力并引领方向。

好莱坞星光大道上，游客们忙着与明星留下的手印拍照，觉得不够亲近，干脆坐在地上的手印和签名旁边。这是与一种不在场合影的虚实双重构境。还有更精彩的场境，我曾看到，在济州岛上，游客抢着去合影的，竟然是电视剧男女主人公在草地上接吻时的一大一小的水泥脚印。这一回的虚实构境中是无的多次方：与前面留下手印的真

明星不同，电视剧是虚构的，里面的主人公都是编出来的，其中虚拟人物的爱情更是虚假的，然后，这种虚境再物性对象化为旅游景点实物，可活着的人却激动地与之合影。这是德波和鲍德里亚所说的景观对存在的颠倒构序，这种由景观制造出来的超级真实，比现实中的真实更真实。无怪海德格尔叹曰：我们的生命被连根拔起了!

黄石公园遇上的一景，当时好像是有一只棕熊妈妈带着宝宝刚刚离开高速公路，所有车都停下来拍照，可这位大叔一出场就让人敬仰不止。巨型"大炮"加上毛巾上的跪姿，一下子我就不想拍熊熊了。拍他吧。其实，看起来漂亮的每一张照片背后，都会有艰辛的努力，无一例外。往往为了最好的光照，拍客很可能会等数十天，甚至几个月；一张生动的人物照，一个瞬间消失的眼神和表情，往往是几十张、上百张片子中的极少数。学问又何尝不是呢？每一本/篇像样的书和文章背后又有多少牺牲和汗水！

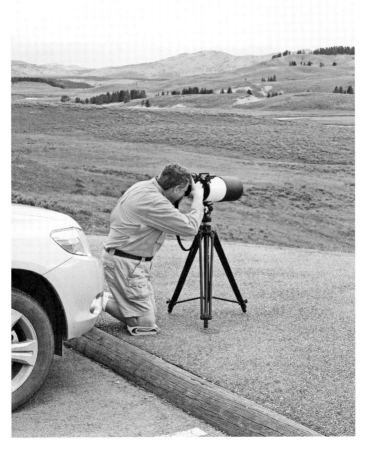

纽约马路边抓拍的一幕，一位可能是回收旧物资的老奶奶在长椅上整理自己的记录，身旁堆放着三个硕大无比的黑色袋子，这也许是她今天的战果。风掀起她金发的一角，令专心致志的老人家的身影瞬间动人不已。是的，生存的真实性就在于它的脚踏实地，一切看起来辉煌的成功，都基于底层实在的打拼。真的没有不流汗的轻巧捷径。我也有一个"小强"般的底层打拼成长史，你信吗？

一个秋日的下午，路过铺满落叶的水边，一位年轻的母亲在熟睡的宝宝
边上织毛衣，安静，温馨。孩子的梦和妈妈的余光始终不远，在孩子最
柔弱的时候，父母总在近处。将来，爸妈最柔弱的时刻，你会不远吗？

巴黎一景，第二次拍此境，难得天上地下都如此取光饱满，天景与场内人物各获实感。此境中，彼岸神性与此岸世俗的历史之境渐远，新突现的是艺术历史影响与丰裕此在的心灵汲养。

法国一古城中修道院的窗口，一个姑娘坐在石阶上柔声细语地打电话，西斜的光线让她的侧影在这黑暗中变得无比生动。可以复构的历史情境为，修道院本是将修女与俗世隔绝起来的物性屏障，曾有过多少女孩在这窗口张望和哭泣，直至情欲枯萎、心归死寂。可今日的反讽是，虽有黑屋高墙之屏障，却挡不住电磁场中的隐秘共在。远程登录时代的主体构境方式。

梵蒂冈圣彼得大教堂远景，嬷嬷凝视片刻，掏出一架十分精巧的相机将其收入数码成像之中。回到修道院中，静时会从电脑屏幕上重新构境回味。这是中世纪的修女们做梦也不曾想到过的事情。这是摩登在神境细节中的布展。

这是在一个热闹的广场上拍到的温馨一刻，一个满面柔情的爸爸蹲在自己宝宝的小童车前，用吃的东西逗着没有露面的孩子。童车顶上的小伞和地上的双肩包构境了一种细腻的父爱。这时，妈妈去哪了？去挤看卫兵换岗的仪式了。是哦，这是一个奶爸横出世的时代呢。

古角斗场外的一个俯景。卖旅游纪念品的小摊，驴友团对行程的讨论，警察叔叔的指路，一看就是一个胜地旁的鲜活场境。如果换作电影构境的生产，电影的分节重构则是将几个不同的情境依蒙太奇拼贴起来，观众则在意识流中自动完形。所有场境都可如此制作。

一个景点的人群，细细地看每个人的表情和形体，会察觉出不同的家庭，不同的关系，不同的生活样态，不同的情绪和心态，每一个存在都有独特的生存场和构境。一千个观众就有一千个哈姆雷特的缘由就在于此。

咱妞的眼神光点，是趴在地上的我放在阳光下的一张白纸，

神气也是一种不在场的建构。

天快暗下去的时候，初上的华灯格外妖娆。巷内卖鲜花的廊车用灯照得透亮，除了出瓜子的那个"大脸盘"，似乎大部分鲜花都喊不出名字，让人灰心丧气。用花装点生活，得活得像花一样，成天灰头土脸的，花插在瓶中则像反讽的在场。野孩子通常会生在花中，可被驯服的乖宝宝，真的不配呢。怪话而已。

清晨的海边，乌云慢慢地散去，初升的太阳从黑色的裂缝中泄下温柔的光。涨潮的海水，一次次冲上岸边，轻轻地接近沙滩上刚刚印上的足迹。两个姑娘突然闯进这个安静的构境，让自然成为人化自然。其实，此时此境，不做任何事，只看只听，便是最惬意的事。

京都清水寺,山泉的出水口长长地伸在前面,候饮的人们必须用一个长柄勺才能接到圣水。这样,人的俗手就不会污染水源,也在经受一种伸出—接回的劳作之后,才获得润沐。这是有禅心的构境。面向神性的诗意生存,总会是在辛苦劳作之后,现成的富足只是世俗世界之在。

初看起来，是一对男女在一个花车前疯狂起舞，走近才发现，这里的真正表演者是一位白发老爷爷。当他把自己的头隐在车座下时，套上长靴的双手成了女人的双腿，而自己的双脚则会是男舞者的舞步。他在场，却让不在场的无生命玩偶鲜活演出，他表演一个不是自己的他者之舞。海德格尔的表现性文本，难道不是这种套在女人长靴中的表演吗？

海洋公园，人站在自己组装制作的海底世界前，惊叹不已。却不知海德格尔所深恨的自然向我们涌现中，隐在非本原存在中的痛苦。《阿凡达》和《美人鱼》都说此事，只是前者高冷，后者粗鄙。

德里达在《论精神》一书中说，与人在世之中不同，动物和石头都是没有世界的。这话说得不完全对。一只小猫走进你的生活，它便拥有并参与你的世界。它会看你的表情，听你的语气，撒娇，捣乱，生气，悲伤，构境关联样样都有。有时候，你能看见它望着窗外或独自沉思，这个时候你如果去打扰它，它会下意识地用爪子轻轻按着你的手。一定的内心构境层中，它留在你世界里的柔软记忆比人更多。

秋日，东京皇宫外草坪上的小景，一位很放松的大叔在草地上摆个大字，肚皮朝太阳，只是用帽子遮住想逃离世界的脸。边上的鸽子不知道是不是学他，也做一副很困的样子。其实在世之中，像样一些的人都会很忙，但心不能乱，要能在最忙的时候突然出走，偷偷看场电影，或盖上脸在草地摆个大字，然后一脸正经地回来。这是心理治疗之法宝。不信你试试。

夜空，一副不想睡的样子。我常说，社会在夜里是不存在的，因为建构生活的人睡去，世界则不在。这一点北美最典型，欧洲大多数国家，商店六点打烊，然后社会消失。可亚洲的城市通常很叛逆，到晚上，疯狂的人才开始活起来，六本木、铜锣湾大多如此。这里，黑夜是白色的。

卢卡奇说，距离产生美，其实，高贵和神秘也都藏在间距之中。妞来的时候，她就有着一双怯生生的大眼，到今天没变。因为是纯种猫，所以不让抱。但她很依恋你，一早，她总先蹲在餐桌上等你，你看报，她会认为你破坏了安静而用爪子按住报纸不让翻页。对亲近的人，她唯一撒娇的方式就是你刚进门，她就四脚朝天要你摸她的肚子。我常对她说："哪有女娃娃像你这样？"她要你换水，只是无声地坐在盆前，意思是：铲屎的，换水！人家天生贵族。"唉，来了！"

白宫草坪前，可能是刚刚参加完酒会的两位女士，在那个表演性的在场中，高跟鞋虽然不舒服，却是造型的重要工具。一旦走出那个构境圈，踢掉高跟鞋则是必然。有时看到蹬在细长跟上的女孩，真的很敬佩很同情。表演比舒服重要！

二战纪念碑廊上的名录。临近清明，路上已多扫墓的车，人们去拔掉故人坟头的杂草，似乎不让它们欺负先人的无知觉。当你成为记忆时，两代以后，会有多少人记得你？如果你的存在只是可以耗尽和转手他人的财富构境，哪怕再富有、再不可一世，可如果你没有精神浸到文化史中，没有神性存在寄居在后代的生命中，你是枉来此生的。想清楚哦。

美国一火车站的清晨，赶早班车的我看到了这个漂亮的站前广场，走近时才有些心塞，因为有四个流浪汉还在秋夜的睡梦中，其中一个竟未盖任何东西。心里为流浪而有些难过。在奴役化分工的情形之下，最痛的事情是打卡后被关进办公室或车间。我们渴望自由，哪怕是流浪。但裸睡在秋夜的车站广场一定不是打卡的反面。

伦敦附近的一尊人兽像,过于精细,特别是人首的面容,看了不舒服。让人联想到斯芬克斯之谜,这显然是两条腿的成年,因为人兽胸前摆放的是双人手。康德的隐喻,人一半是野兽一半是天使,自然物性存在是永远超拔不了的基础,而精神存在则是神引领人挣扎出肉欲的努力。人生,即永远的挣脱和回落过程。

英国的城堡，当然是很壮观的那种。在欧洲尤其是英国，旅游线上最多的就是城堡。其实挺没意思的。大大的花园，城堡的结构同一，墙上挂着祖宗的画像，过去的棉嘟嘟的床，只是大些的城堡舞厅好些，通常人造天空上飞着的神灵比祖宗俊些。与我们那种多进院的大宅门相比，少了些真人味。布尔迪厄在《区分》一书中，讲了贵族的趣味和风格化的生活，住在城堡里的人在让人不能察觉的细节中建构优雅。喜欢的音乐，阅读的书，吃饭的举止，说话的节奏和音调，淡淡的从容。

今天城堡中扮为古时卫士的人，十分英俊。他不是演员，因为演员要有重构虚拟生存故事的身心构境，他只是扮装古代卫士的外形，只作为那套衣服和武器行头的支撑。其实，今天很多苟活的人，都只扮演那副外在行头，而生命的真实涌动则是从不出场的。若仅为金钱，这种扮演则是异化的二次方。走肉而已。

爱丁堡的晚上，突然出现一个令人感动的仙境般的视景，像是童话中的宫殿，闪闪发光、金灿透亮。仔细回想了一下，下午曾经路过这座城堡，土黄，墙根下攀爬着些发黑的苔藓。可是，漂亮刻意的灯光效果令它蒙上一种格式塔转换式的场境突现，这是灯饰意识形态。这种伪饰，在布拉格之夜也见过一次。其实，今天在电视聚光灯下制造出来的各种伪饰物的本质都是如此。

在剑桥大学的日子里，白天的课会很满，所以每天清晨我都会早早地出去拍照。不管走多远，总不舍得离开康河。累了，就会坐在满是露水的长椅上，让衣服慢慢地浸透那柔软的凉意。一所好的大学，传给学生的不是知识，而是一种独一无二的体知生命和世界的方式。800多年的剑桥大学，一张康河旁的长椅，如同圣迹，融化为神思。

哥拉斯哥大学,将近600年历史。与剑桥大学、牛津大学的贵族气不同,它是那段工业革命和早期商品经济的见证者。在学校正大门铁制栅栏上,刻着瓦特和亚当·斯密的名字。孩子们在踏进大门的时候,便知先行者是谁。与瓦特和斯密同行,共担六个世纪的传承。中国应该要有这样的大学,它的意义在于提升整个社会的品质。

巨石阵是谜，后来生活在功用价值王国中的人来看，总问它做什么用。依巴塔耶的解释，在超出世俗功用构序的圣性事物中，无用即大用，于是他有"上帝即粪便"之惊人之语。在此构境中，巨石阵则一定不是为人所用，而是天阵，神观之物。象征存在总是超越实在的。

雷丁河边的一个清晨，太阳还在对岸山包的树丛中赖窝，社会生活还没苏醒，河面上已经嬉戏着一群天鹅和水鸟。我总觉得，这是一天中最干净、平和的时刻。在晨曦中思考和写作，也会让思保持它的脱俗气质。

美感，似乎是上帝创造人的时候赋予的特殊主体质性，人才能有美感，看到美的东西，建构美的情境。优美的动作和神态只发生于人之间，壮美的山河景致皆是人的主观投射。我的疑问是，动物有美感吗？有如这两只柔情蜜意的天鹅，如丹顶鹤的行走、孔雀的颈动和侧视，看着美，是因为它们像我们？还是上帝也给了它们真实的美？我想相信后者。当我们离它们很近的时候，会发现那种美是从生命本原中自然泄出的。

空间句法是现代建筑学的术语，意指建筑空间结构中依人的功能行为存在的建构逻辑。1917年建南京大学北大楼的时候，美国的小爷（Small）布展空间句法的路子显然是西方为里东方为表，所以大大的屋顶才会被高高举起，长长的西式推拉窗会用实木雕出。能把20年最重要的生命嵌进这幢百年建筑的空间句法里，可能也是一种幸运。

青海高原上的牦牛，低氧下的奔跑与生存。我们这些多氧低海拔的此在，在高原上用力则会头痛犯恶心。学术研究也是如此，习惯了在低海拔中的水平游荡，一旦到了高原思境，则会头痛不安。读海德格尔的时候，明显缺氧，心跳过速。在学问中，轻易得来的不会是好东西。

青海的丹霞山体，不出名，却真的壮美。遭遇时，竟无一游人。也因为裸露，山脉的座架筋骨通常可直观，这让我们可以由此解释海德格尔的技术座架概念：座架即大山脉的骨架支撑着它向所有支脉伸展，如今无所不能的技术已经构序了人的全部存在本质，它如同座架山体的脉络，主宰了存在的命运。

喜欢海在暴风来临时的狂怒,波涛急促地起伏翻滚,很生气的巨浪会摔出十几米高的白色水瀑。当然,海也会风平浪静。人肯定不能总是狂怒,不同于世袭专制世界的动物式不公,现代性市场王国的存在主要依能力,所以,市场沙漏中不能居上位和获大利者只有自责。狂怒真的改变不了布尔乔亚的游戏。

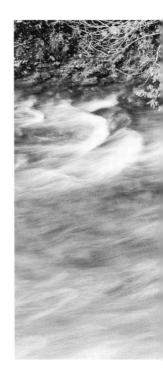

箱根山里一处山泉,永不知疲倦地奔涌而过。开始我只是静静地看着它漂亮的水流,听它在洞底石子撞出的水花声,渐渐会有些心漂浮起来的感觉。傻了好一阵子,才取出相机拍照,可能上百张才得到这一张。取近景对焦,用大光圈使水波柔化如纱。不论什么事情,都在于持恒。坚持必胜。

海边的沙滩，一枚枚天功细作的贝壳，像可可蛋糕上的巧克力碎粒，拾在手掌里，精巧各异。其实，读书如同拾贝，不拜倒在大师们的思境前，而是将文本中可为己用的闪光物拾出，内化入序为自己思想构境的砖瓦。

晋祠周柏，近3000岁，见证30个世纪的历史变迁。相比之下，有死者所能见到的历史构境是多么的有限。所以，布朗肖才会将写作看作人力图不朽的努力。孔孟老庄的肉身早已不在，可通过文本被激活的思境始终在场。一种物欲情境的醉生梦死总会灰飞烟灭，而像样的精神将依文本永存，有如周柏。

清晨的海边，厚厚的云遮住了已升起的旭日，光线阴成了蓝色，海水、岛礁和孤桥，竟一副静寂的未苏醒的样子。然后，醒着的我，独成孤影。有时候，在未醒的思想海边，我也自觉孤魂野鬼般地独行，冷极了呢。

弗洛伊德故居前的拼贴画, 很多影像乱作一团, 因为它反粘在玻璃窗里, 拍摄的时候, 竟然把自己也拍进去了。影子与主体的多重反射塑形, 好像本我与超我之争执而生成的伪自我。

四月的东京，凡有樱花的地方都有成群的人。我在一处河边的樱花道后端看见了他，前面是挤在河边用长枪短炮拍摄的人群，可他却静静地坐在一处偏僻的角落，用水彩描绘自己所看见的情景，似乎是想以传统方式对抗现代数码塑形。其实更吸引我的是老爷爷的认真和精细，他专注的表情和没有一点灰迹的锃亮的皮鞋，小木凳上的笔洗下那一小块毛巾，都能够让人体会到他生活的品质。当我们老了，能像他一样在叶芝的诗境中仔细认真地活着吗？

根茎对于植物来讲,是汲取养分的通道,而于树木而言,也是立地不倒的基础。海德格尔在说明存在的不归本质时,用了连根拔起的比喻,因此我们是离家的弃儿。学问最忌的就是无根性,空洞宏大的言说有如冲不掉的浮物。

夜晚，空间句法构境中的街头和建筑物中已空无一人，可仍然以电光照亮。这也是斯蒂格勒所说的后自然状态。熵是常态，黑夜是常态，照亮则是对熵的抗争，人之存在就是构序的负熵。你不努力，熵化则是必然。

摄于一个山间激流中，凶猛的河水飞速涌过，垂钓者没有任何保护装置站在没膝的河中央。一副令人惊叹的英雄气概。这叫有刺激的冒险。有人喜欢生命中的惊险，攀爬险峻的山峰，征服暴风中的海浪，通常想在寻常的平静中获得心理和肉身上非凡的经验，以实现一种直接的征服欲。我倒不喜欢冒险，现实存在已经足够惊心动魄了，所以攀登高峰和永不停止的创造性的实现会更多地放在总是来势凶猛的学术构境中，那样，也会确保不会一脚踩空落入不复的失去之中。

湛蓝清澈的水碎成细密的白色爆散状，喷泻飞涌而下，再狂跑飞奔而去。艳景、水汽和闪亮抖动着的彩虹，突现一种非人间的幻境。大瀑布前，人们会为自然美景而惊叹。可是，没人去想这一被观看的有限性和自然存在的永恒性落差。瀑水万古长流，而千万年中观者的肉身早已不存。马克思说，自然总是先在的，海德格尔讲，此在总是向死而生，大体这个意思。别"作"，开心于将逝去的每分每秒。抓住彩虹！

在20年里有过多次长江漂流经历，从南京的家到武汉的家。常常看到伴行的江鸥，它们只是尾行，追逐船后的残食。海上的鸥，倒不啄食，却飞在舷旁，与船同行，似乎就是来陪伴你的航程的。人生也是如此，有能伴你长行的不啄食者吗？

在澳大利亚，很容易看到这种百年的参天大树。面对它遮住半个天的巨大身躯，有的只是沧桑感和惊叹。其实，在花甲之际，苍天在上，沧海已渡，很多东西已如那些百年巨木，不再为春雨暴日、风雪严寒所动，它经受，只是它。

蓝天白云是飞进的, 而不是游过的, 小水鸟在浅浅的河面上滑行, 波纹压碎的蓝天白云是倒影中的构境。这种不可能的美则是罗曼蒂克。你的心中有过不可能的美吗? 比如游过蓝天白云。

它不在画面中, 却以长长的阴影表达一种不在场的在场。这是福柯和阿甘本常耍的哲学把戏。生活中也是如此, 一种过去的伤害像长长的黑影, 躲在被压抑的无意识的底部, 不时会以种种方法曲折地现身。其实, 你越是惧怕它, 它越像黑黑的巨魔, 可你真让阳光照进来, 却知道它真只是阴影。让阳光进来!

平静如丝绸般的水面，黑天鹅优雅地游过，岸边的苇草也将自己最美的穗尾伸进画面，这是无人之境。我就见过一个浑小子把石子扔到天鹅旁边，人家发出不开心的声音，迅速游开。海德格尔说，此星球上的自然其实已是让物向我们涌现——功利性的在场，自然不再自然而然，无人之境绝迹。这是一个悲剧，人会哭在最后。

游客中的俩妹子在码头上晒太阳，眼睛却盯着岸边停靠的游艇，无法占有，但可大饱一下眼福。巨大的游艇标识着奢华的生活，这是对象*a*的终极幻象。拉康说，我们永远欲望着他者的欲望。我们真的知道自己想要什么吗？

蓝天白云倒映在湖水中, 水波荡弯苇叶的影, 枯茎纷乱, 让画面变简单轻松。生活快乐的秘诀只有一个字: 轻。权力、欲望和情仇, 是生命沉重的缘由, 何时放下何时获得简单轻松。后退一步, 海阔天空。

这片仙人柱林，像树一样冲天，令人惊叹。很喜欢仙人掌科植物的品格，没有矫揉造作，没有特殊的要求，只要沙土和水分，它就有生长，有惊艳的开花。一副不屈的存在的样子。学术研究也是如此吧，真心向好，只要有一点点时间，都会最终铸成冲天大柏。

悉尼一开放公园入口处的导之友小亭，两位退休的老奶奶在热心地服务，Ask me有问必答，一脸投入的开心表情，让人看了就心里暖暖的。无论什么事情，只要摆脱了谋生的功利性，就可以与生命本真更近一些，那快乐是从纯粹的人性溢出来的。你有这种快乐吗？

FRIENDS OF THE GARDENS

riends
of The
Gardens

F UNATTENDED
ormation available
from the
alm Grove Centre

Ask me

Exit

它顽强地寄居在石壁上，为了活下去，把细细的根伸进石缝中汲取水分。拍它的时候，真有些感动。其实在人的生活中，这样的劣境毕竟鲜见，有些不顺、有些问题应该是正常的状态，只要积极努力，事情总会好起来。千万别以为自己是天下最悲惨的人，除了抱怨不开心，什么都不愿真心努力，长久下去，真会是最悲催的家伙。阳光起来，一切都会被照亮的。

海岸,宽阔无边的海与金黄色的崖,动与静,柔与坚,深与高,自然中两种最伟大的力量同时在场。那一瞬间,多少有些激动。只需安静地坐在崖边的巨石上,听着蓝色大海的低吼声,悟尽人生真谛。其实,海与崖犹如人的胸襟和毅力,有这二者,遇事必成。

晶莹剔透的蓝天，温情涌动的海水，柔软洁净的沙滩，还有浸着一丝腥味的不可见的微风和暖意满满的西斜阳光，人处在这种非凡情境和平静心理场中，会突现一种超出红尘的幻觉：世界远去，不讨喜的事情遁无，心中的尘土被抹净。这是我时常喜欢静坐在海边的原因。

游乐园中的过山车，从头顶飞过的时候，夹杂着尖叫声，举起机子拍摄的时候，只剩一个模糊的尾巴。真的挺佩服这些人，为寻刺激而付出代价。

看到它的时候，孤独，边缘，西面的光在沙土上拉出一条长长的黑影。一幅凄美的情境。动物不知自己的影子，而人的聪明就在于知道有光照就会成影，影子通常是黑的，即没有被照亮的部分。影子随行，知影者则慧。

看到他时，走向海潮的爸爸刚训斥过他，他有些胆怯地低着头回望着那高大的身影。令人想起小时候对父亲的崇拜，其实内心里有一个高高的形象是幸运的，一直不服气地想赶上和超过他，有时候甚至是长大的动力。唉，父亲去世前，小姐姐当着我的面问他："快赶上你了吧？"可爸爸却是鼻子里哼了一声，十分轻蔑地看着我说："他呀，早呢。"那也许是世界上所有父亲对儿子的态度，你再好也是不够的。

黑天鹅的优美和白天鹅不同，它的美透着高贵。每一侧身、伸颈、回眸，都会自然地释放出无以比拟的典雅。布尔迪厄说到人的风度和气质时，用了自如和从容的字眼，儒雅体现在身体和精神的最细微的活动中。不装，随和，轻松，低调的、看不出来的炫耀，雅在骨子里。

倒映的蓝天，静游的水鸟，洁白的苇草，那一瞬间，只有简单的美。

存在已够沉重，聪明的人会在生活的每一个细节中找到最简单的轻

松和快乐，这也是克服无所不在的熵增之正能量构序。试一下呗。

海滩上遇上的情景。在数码相机将所有人都变成摄影师时，用传统的素描留住青春是一种特别的记忆。照片纪实且可以无限复制，好的肖像画会捕捉到神情，而青春的神情则是年轻存在的韵味。人不可能留住年轻的肉身，但可以留住青春的神韵。

觅食的沙鸥在沙滩上留下的足印，在侧光的照映下清晰可见。可是，光线拉到正午时，这些足迹则不再显见，在下一次潮水涌退之后，沙滩会被夷平。人生如仅是觅食，必是沙印之在。

在海边遇到风中的潮，有时会呆呆地望着海浪的西西弗斯游戏：每一次潮涌都使足了劲，卷着鼓噪的白色泡沫向岸边涌来，可接近我们的时候却扑倒在沙滩上，泡灭水息。一次又一次，就像西西弗斯推举总是落下的巨石。生活与学术都不能跟潮，不然必灭。有能耐者，如德勒兹那样反讽的后现代般无起点无终点地弄潮。

在海滩上看到它时，是潮刚刚退去，所以它卧躺在干净平整的细沙粒中。不知道为什么，拍下它的那个瞬间突然有一丝伤感。当它不是一片贝壳时，会是软体生命的居所和御器，可当它失去生命的器官性存在时，它成了贝壳。从此，它新的存在可能是人生遭遇中的义肢性存在：在远古部族最初的交换中，它会是价值镜像；当它被放进一个恋人的手心里，则会是一段刻骨铭心爱情的见证……我离开的时候，把它留在了那个还没有被踩踏的沙滩上。

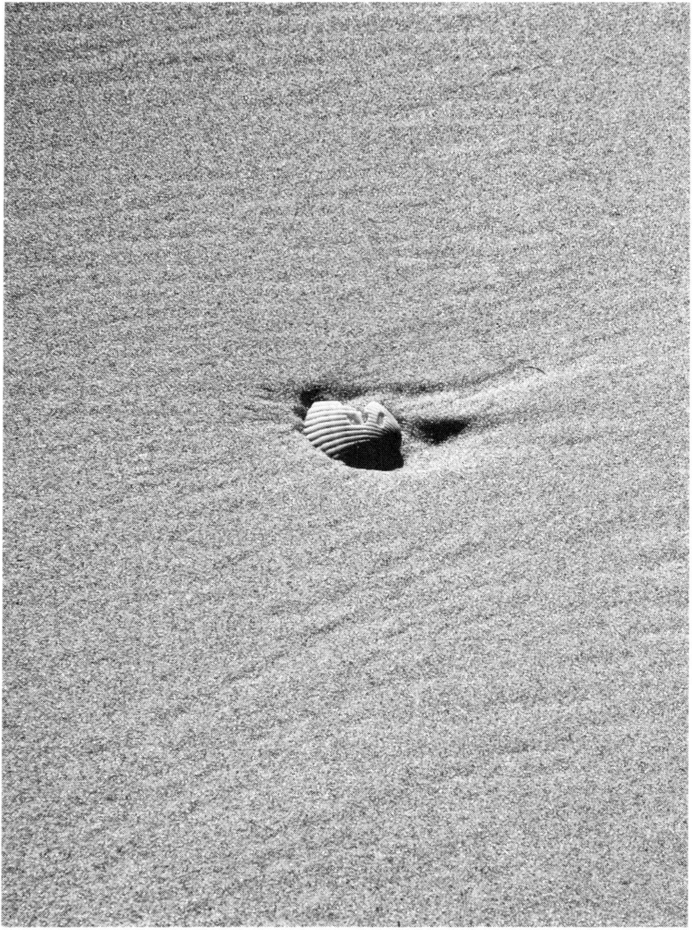

坡地，静静的绿色，一条小河深嵌在灌木丛中，房屋则躲在树荫背后。人烟稀少的地方，则是自然的本有。诚是灵魂，静是风骨，雅是本然，勇是坚守，这是我心目中的南京大学。

天边泛白，淡蓝的海水被涂抹成水粉画一样。深色的岛礁围着湿润的滩，靠生命最近的是绿色的植被。这种涌向我们的自然呈现用一个字表征，就是雅。人的生命样态要能由内而外地雅致，需要长时间的内外兼修，不是学习不俗，而是让养眼性的外表从存在中自然流淌出来。装不俗的样子会是恶俗。

室外雕塑，金属人在抱头思考，而活人一副无脑的样子，倒真是一个深刻的情境。海德格尔说，技术不思。其实不对，因为信息网络技术的巨系统已经占据了过去应该人动脑子的地方，今天人们在智能手机终端上只是受动者，真相是人不思。机器伪思，人无思，这肯定不是一件值得开心的事情。

港湾，远远的乌云昭示着即将来袭的暴风雨，船儿收帆投锚，停靠在安全的港湾之中。人的生命中会有搏击风云的时候，也应该留有一些停靠的空间，总是紧张绷着，久了则会断裂。其实，就像收回拳脚，恰恰可以更猛烈地出击，静静地充血复活之后，才能够更强有力地站起来。

风车村, 其实是一个主题公园, 因为那里的风车都已经是摆设, 只是供傻乎乎的游人观赏的假物。鲍德里亚曾经专门讨论过这种用假物制造出来的超真实, 在迪士尼乐园和环球影城中, 真的活人就像灰头土脸的假物, 当摆设有了生命的时候, 人则没有了自己。这就是摆设的形而上学。

奥斯陆公园中的人体群雕，尤其这一尊让人看了难受。在远处看成指向天空巨剑般的图腾柱，近看却是无数踏踩相攀的人体所缠绕而成，基座是死亡，中间是残碎，只有顶端还是活着的争斗。不禁想起黑格尔那个利用了"激情"相搏的理性的狡计。这就是人的类存在的悲哀历史。

刚看到这尊雕像, 围着它绕了好几圈, 才拍下这张照片。从审美取向来看, 我显然是偏保守的, 不喜欢写意和夸张的无塑形的雕塑。这是一个劳作者渴而喝水的瞬间情境的凝固, 它身上的每一块肌肉都因为这一动作而拉扯为一个整体的动感, 蹲, 双手一支一扣, 口张脖直, 仿佛水真的淌进了喉咙。大碗的水之镜映出饥渴的面容, 而水池的大镜面则倒映着全身的动作。深意在于, 口边溢出的水流不断打碎着双重镜像。动脑子的艺术作品总会深嵌着哲思之匠心哦。

是的，拍这张片子的时候，被三个女孩子的轻松状态所打动。没了刻意堆起的笑容，大口吞食着喜欢的食物，全身放松，回到心身的自然状态，这就是休息。其实人蛮可怜的，依列维纳斯的面容理论，我们的衣着、表情和言行，都是迎合那个看不见的他者目光，只是在假设这种目光看不到的地方，才能放松一下。所以，在家里，我们能回到自己。所谓家，就是可以放下面具、四仰八叉的地方！

高原的清新早晨，一线阳光将近处的坡地润得透绿，透明的空气让景深一直退到深色的山边，牛儿在草地上吃草，静得让人不敢大声喘气，这是让人想哭的自然的本有。因为如果是在焦虑的城市里醒过来，目光到处都会撞碎在水泥建筑上，无风的时候空气总是混浊的，然后是没完没了的巨大噪声和遇到永远猜不透心思的人。两个世界，天上和地上。

在荒野中用石头搭一个小塔, 算是祈福, 没有目的, 只是愿生活更好。
就像五月风暴, 不为功利地推翻或夺去什么。感恩生命, 很满足了。

一个山中小镇，第一眼就看到这个如镜的水面。开始还有些不相信自己的眼睛，因为真没见过。一点风都没有，用肉眼就看到水中游的鱼儿和深处的石子，整个湖面如一面刚刚擦干净的大镜子，把蓝天映成深蓝色的绸缎，上面点缀着几朵白云的倒影。动人极了。其实，人心如果能静下来，抵住吹皱心湖的热风，当会出干净的思想。

这是冰川源头之一，近处可见透着蓝光的巨大冰块下静静的液化，只是隔一两个平静的河道后，突然奔涌起来，像是逃离魔都的小仙儿，唱着歌一路奔走而去。很想把这张片子命名为"存在论差异"，因为它似乎隐喻了海德格尔将石化的存在者重新活化为总被遗忘的存在之流。

无彩的远山静水,一种自然存在的定力。学术的定力来自扎实的功底和坚定的理论意向,宁静致远是可抗拒集市的热闹和路边的诱惑,所以能达及远大的目标。

海拔几千米的高山上，突然遇上一个如镜面般的天池，可看到深处的水中，不见水草和任何杂质。天上的水是净水。思想中没有躁动杂念的安静通常也是在高处积起的，这是形上的本质。

无意在高台上拍到的画面，一种居高的后视。我们并不知道，什么时候被什么人的目光所注视。列维纳斯觉得，人为了他者的目光才有了外表，可如果那是常人之看，则一定活得很俗，若是上苍之目，则圣性一生。

阴霾的黑云口突然被撕裂一个口子，一道金光撒向大地，仔细端详，竟然发现是一个身着白裙的"小天使"在天际显迹，这令我这个凡人感动万分。达利的非凡，就是保持了我们已经磨灭的想象力，因此他能看到常人俗目无视的真相和神迹。"天使"惠恩，我当努力。

在车上抓拍街景，通常是趁着红灯阻行的短暂静止时刻。先看到的是小男孩头上那顶帅气的头盔，然后环顾到他的小山地自行车，这是他户外活动的时间。再后来才看到年轻的妈妈，当时一愣，因为她的打扮不像是要去做同步的运动。我猜，她可能有自己的事情，可陪孩子的共在时间对妈妈会更重要。是的，孩子的每个需要父母在场的时刻，都只有一次，她的演出、他的比赛、毕业典礼等等，错过，就永不再来。你在场，就会是永远的幸福记忆。

快门1/60秒，不动的人群是清晰的，而运动的白衣蓝车的年轻女孩却只有残像。每秒24张静止的影像就会还原运动的存在，这是电影构境的秘密。其实，在异乡的街头，你与大部分人的遭遇都可能是唯一的，见面即诀别，残像之在更是短暂。多给个笑容吧，只见一面！

TUBORG
Mongolian Barbecue
TUBORG
Mongolian Barbecue
TUBORG
XV 2698

像一幅3D画面，白云低低地悬挂在海面上，海水寂静，竟然没起落，沙滩布满了脚印，却空无一人。可以想象这里曾经挤成一团的晒着太阳的人群，生命的曾在会在这种特殊的踪迹中被构境。思想的踪迹可以复构鲜活的学术生命，却永远不可能回到曾在的原初。

路上偶尔遇见的小姑娘，天使般的眼神令人感动，因为会在这种纯洁目光下突然发现自己的聪明俗不可耐。她用没有教化的步子跳着自然意志下的舞蹈，会让所有装出来的高雅在心中撞得粉碎。尼采说，长大，是离开生命本有，理性布展中，天使不再。

小美人鱼的这个角度，应该是雕塑家当时艺术构境的真意。一种诗意的期盼，远方的隐喻，或从神的不朽回到有死的活着。其实，心中有一种充满激情的期盼，是人存在的理由，绝望的喘息已经是逝去。

透明的蓝天白云，豪华的游艇，远处的大邮轮，欲望中的好日子。其实，日子中平常为上，少钱为乐，物稀为贵，乏食为鲜，反之，多食为蜡，物足为贱，巨金为悲，豪华为下。脱离他者的欲望后，平常心是道。

用雕塑记录曾在中最惊心动魄的瞬间, 英雄挥鞭驱使飞奔的神牛于激流之中, 原来, 雕塑是静止的塑形, 可艺术家让喷泻而出的泉水建构起巨大的飞流动感, 让石化的生命构境复活起来, 真是了不起的创作。学术研究何尝不是如此, 用新概念之流表征一种动感中的思想变革, 与依守于僵死的旧概念体系是完全不一样的。

当有雨味的黑云压顶的时候，海面通常会浪涛汹涌。仔细想想，海面也是蛮可怜的，因为它的平静或者惊涛骇浪，都由不得自己，潮水的进退来自遥远引力的无形牵引；它的狂暴不过是暴风雨撒野的被动结果。学问如果这样就可悲了，治学应做学海中的深流，方可成大果。

古典是本质上的深刻，现代是先锋上的伪深度，后现代是无深度的糖水。然而，鲍德里亚则告诉我们，后现代的平面是诱惑的深渊。你一不想深刻时，就会在放松中被俘获。好吧，小心糖水相片的奴役性哦。

芬兰这座世界上唯一的岩石砌成的音乐厅,有一个土土的入口,可是,一旦进去就被后现代的艳美内饰所震撼。白天的阳光从四处的窗中把整个厅堂照亮,一些特殊的座位处在独具匠心的阴亮分隔中,使视觉构境为3D般的立体效果,你能想象晚上灯光下的美丽和辉煌。要命的是,这么壮观的岩石加后现代空间句法的魔术之境中,竟然只孤独地放置了一台钢琴,一个娇小的女孩弹着西贝柳斯早期的钢琴曲。亿万年的岩石、后现代建筑、古典音乐,一个奇怪的之字形感性构境,令人不知所措。

西贝柳斯是芬兰音乐为数不多的骄傲,活了92个春秋,可傻傻的芬兰人却用600余根不锈钢管为他做了纪念碑,真够夸张的。不是特别喜欢他的《芬兰颂》,倒是挺迷他早期的一组小提琴曲,柔美轻盈,不像他后来成名的众多交响乐,老到90岁。其实,记住西贝柳斯,真不用不锈钢,一曲动人的小提琴曲,足矣。

累，是海德格尔所说的常人生命的那个深刻的无聊的反面。一个人每天躺到床上，立即失去知觉，甜入梦乡，充血复活，天一泛白，起身又投入厮杀之中。生命之累，乃活着的最高境界，挤出了所有常人的空虚和无聊。累的时候，也是上苍对你垂青的时刻。

你装作历史上的曾经存在，我与这个伪构境的曾在留影，在这张过去的相片上，出现的是双重曾在，可谁是伪构境呢？当我们苦苦追寻的原初语境本身就是表演性文本时，你的真切又有何用呢？

在发明电话之前，人与人的对话总当面在场，当蜂窝式扯断电线时，无处不在的远程登录在场便生成了脱域化存在。女孩的对话者很可能远在天边，却也能直接耳语。这里，距离被消除，数字化空间同时建构了不同的实时性。斯蒂格勒说，如果有先天综合判断，今天则是数字化的先验构架，它让我们看到世界。

莫斯科公墓中的一幕，逝去的主人旁边有不舍离开的狗狗，这是两种不在场的石化。人们可以通过这个物性持存复建一个悲情构境。这让人想到日本涩谷车站前一等九年的八公，它真的比一些人有情有义。

俄罗斯的宫殿，重修的时候让它变得崭新光亮，这恐怕也是一种文化缺失的表现。曾在的本质是厚重，鲜亮已成景观构境，曾在不在。

历史遗存的建构性：一个时段中，它是那个伟大的晚上的号令枪，人们面对它时，是向神圣的起点致敬；另一个时段里，话语实践中解构了政治意识形态，于是，人们只是面对一艘旧船。我曾经向历史学家兜售历史建构论，他问我："我是我爸爸生的，是不是建构的？"我心里想，母系社会中没有爸爸。

远处隐约可见的小舟上，是不离的恋人。岸边泊着的空船，却是曾在
无痕。一种无奈和重新期待，空无意味着可能承载。

海岛岸边拍到的一幕，显然是放假回家的儿子在帮妈妈做事。有时候，从教化和伪装的世界中回家做个孩子，是重归本真存在。

一教堂钟楼顶上的雕塑。都被压成这样了，还端着枪一副坚强无比的表情。这让我想起自己在基层的那十年，要放弃和让自己不开心，会有一万个理由。可咬牙坚持下来后，终有基度山伯爵的得意。别放弃。

大钟走的时候，从来没有人认真去看它。时钟总是孤独的，所以达利会把它画为饼样的瘫软。时间不是物理的，而是生命存在的内在绵延。在抱怨和看别人总是成功的无聊中，是没有历史时间的。上苍给我们所有人的时间都是均等的，错过则不会再来。世上没有什么幸运，只有努力创造的机遇，一年充进十年的血，一分一秒都挤出些空来，你想不成大事也难。

街头只有脚的雕塑，喻义很深呢。勒鲁瓦-古兰曾经考察过，人恰是因为直立行走，有了脚，才空出手，再有了直视前方的面容。一辈子只有四条腿的家伙总会是走卒，而没有人脸。

喜欢这种冷冷的蓝色调，天边一抹即将逝去的光线，像抓不住的希望，
凄美动人。

这一狮像真是表现出一种雄神气势,表征那个时代西方帝王的霸气。构境气场巨大无比。什么东西傲娇,都会有些理由,或鹤立或高冷,无缘由的自我感觉好则是"秀逗"了。

黄石的色彩是令人惊异的, 硫黄一类东西让水和土都变得奇幻一般。红色烈艳, 绿色晶莹, 白色柔润, 蓝色高远, 黄色娇羞, 一派超自然的样子。学术研究如果如此, 一定要被骂的。

草,相对于益人的禾,总用来表达可轻蔑、可割除的东西。可草硬长成秀美的样子,像丑小鸭,像辛德瑞拉,这说明命运是可改变的。努力,上天总会看到的。

只有厚重之物才能远久，浮在面上的东西，热闹一阵子终会被冲下马桶。学术中厚重之作，必是从根基上重新构境的方法论变革，在一处自我旋转或搬弄词句，很快就会被新的把戏所替代。但改变旧的事物一定会遭到抵抗，甚至血腥的伤害。

去德天之前，真不知道中国还有这么壮观和神奇的叠式瀑布。真被震撼了。它不仅仅水好，而且多层相交，喷涌方向各异，爬到断水顶端，还能看到树丛中的碧玉般的暗流，令人心动。一改黄果树瀑布之呆板印象。嗯，从正面的船家观瀑，小心湿透。复式构境，总比线性落下美。去看看，广西哦。

记得那是多年以前的一个深秋，巴登–巴登，一个神话般的幻境。刚下过雨的天一直阴着，片子可以捕捉到红绿色的构境，可总是抓不住秋叶的意味。真就坐在铺满落叶的台阶上等天裂开，可同行的那几个家伙一脸不快，阴阳怪气，我只好起身走下那片金色的树林和坡地。就在准备放弃的那个瞬间，突然一道阳光照在金黄色的树尖上，我大喊着跑回去，拍下了真正的秋天。策兰说，这个秋天将意味深长。我常常在入秋的课上提起它，而脑海中就是巴登–巴登的那些视境。

这是海德格尔生前常走过的景观道，因为这是托特瑙山通往山上小木屋的必经之路。在这些制高点上，他总看得见山脉的筋骨，懂得山的走向。他将这种支撑起山系存在的构架称之为座架，然后说，今天的技术是人类存在命运之座架。《阿凡达》生动表现了海德格尔这一神秘的旨趣。

大雁妈妈守前，当爹的断后，一个成长的故事。看来这种场面不仅在人间，自然天性也。我们大约都忘记了童年故事中的主角，可能，他们辛劳一生后，现在又在看护新的成长。只希望，之后在无力的西下暗光中，他们能真的觉得不悔。

无意中撞见的画面：一个无忧的下午，与自己喜欢的人忘记一切地躺在草地上，其实就是最重要的幸福时刻了。在学术研究中也是如此，每完成一篇自己满意的文章，拿到自己新出版的书，不用躺平在夕阳斜照的草地上，所有的艰辛都会烟消云散，一种幸福感油然而生。

莎士比亚家乡河边的一个静景。一个朋友看过后说，真想像奥菲利娅一样躺在这个水面上，可把我吓住了。美得要死，可能就是这种构境。

日本国立西洋美术馆门前的雕塑，让思想者蹲在地狱门口，真不知道是不是刻意呈现海德格尔那个"向死而生"的构境。作为有死者的人，一生下来就在走向死亡，每一个当下都是不可逆转的，知死者会让时间变得丰满和厚重。

北欧那么富裕的地方，仍然也有流浪汉。穿过变成黑影的铁网，可以看见那个昏暗空间中的生活。福柯曾经写下过一本《声名狼藉者的生活》的书，试图通过黑暗考古学探究那些被历史忘却的人生。

跋

    本卷的内容是我刚刚开始使用微信，在朋友圈中分享自己拍摄的照片时，写下的一些随想文字。这些文字与通常的学术思想片段不同，它们都是锁住存在情境的体验中的省思。

    在此卷大量相片的整理过程中，陈朦同学以惊人的效率和耐心协助我完成了这一复杂的工程，在此对她的努力表示感谢。

张一兵

2023 年 7 月 6 日

于兰州

张一兵（本名张异宾）男，1956年3月生于南京，祖籍山东茌平。1981年8月毕业于南京大学哲学系哲学专业。哲学博士。现任南京大学文科资深教授，马克思主义社会理论研究中心研究员，哲学学院博士研究生导师。代表性论著有：《回到马克思（第二卷）：社会场境论中的市民社会与劳动异化批判》（江苏人民出版社，2024年版）；《烈火吞噬的革命情境建构：情境主义国际思潮的构境论映像》（南京大学出版社，2021年版）；《革命的诗性：浪漫主义的话语风暴——瓦纳格姆〈日常生活的革命〉的构境论解读》（南京大学出版社，2021年版）；《神会波兰尼：意会认知与构境》（上海人民出版社，2021年版）；《问题式、症候阅读与意识形态：关于阿尔都塞的一种文本学解读》（北京师范大学出版社，2021年第2版）；《物象化图景与事的世界观：广松涉哲学的构境论研究》（天津人民出版社，2020年版）；《不可能的存在之真：拉康哲学映像》（上海人民出版社，2020年修订版）；《回到

马克思:经济学语境中的哲学话语》(江苏人民出版社,2020年第4版);《遭遇阿甘本:赤裸生命的例外悬临》(南京大学出版社,2019年版);《斯蒂格勒〈技术与时间〉构境论解读》(上海人民出版社,2018年版);《发现索恩-雷特尔:先天观念综合发生的隐秘社会历史机制》(北京师范大学出版社,2018年版);《无调式的辩证想象:阿多诺〈否定的辩证法〉的文本学解读》(江苏人民出版社,2016年第2版);《回到福柯:暴力性构序与生命治安的话语构境》(上海人民出版社,2016年版);《回到海德格尔:本有与构境》(第一卷,商务印书馆,2014年版);《马克思历史辩证法的主体向度》(武汉大学出版社,2010年第3版);《回到列宁:关于"哲学笔记"的一种后文本学解读》(江苏人民出版社,2008年版);《文本的深度耕犁》(第一卷,中国人民大学出版社,2004年版;第二卷,中国人民大学出版社,2008年版;第三卷,中国人民大学出版社,2019年版)等。